JN436572

오늘의문학 시인선 394

햇살 기둥

한영필 시조집

오늘의문학사

국립중앙도서관 출판시도서목록(CIP)

햇살기둥 : 한영필 시조집 / 지은이: 한영필. -- 대전 : 오늘의문학사, 2017
p. ; cm. -- (오늘의문학 시인선 ; 394)

ISBN 978-89-5669-820-5 03810 : ₩9000

한국 현대 시조[韓國現代時調]

811.36-KDC6
895.715-DDC23 CIP2017012102

햇살 기둥

한영필 시조집

서시(序詩)

설한 폭풍 이겨내고
춘풍 인가 하였더니
어즈버 산수 그늘이
묵밭에 드리운다.
선비도 권력자도 아닌
한 세상 살았구려.

청빈한 삶이지만
마음은 풍요로와
아니야 거짓말이야
친구 만나 술 한 잔
지갑 속 갓난아이가
화이팅을 외친다.

오막살이 집 한 채
텃밭을 일구면서
꿀벌을 기르나니
내게는 좋은친구
마즈막 회고록 문집
유산인가 하노라.

차례

2부 대청호 수몰지구

3부 봄날의 할머니

4부 벌초를 하며

1부

행복한 우리 마을

솟대

— 오당 선생님 개인전 축시

오당 화백 지붕 위에
하늘 닿은 솟대 하나

백년을 쌓아올려
장원 소식 오던 날

잎마다
맺힌 이슬이
무지개를 수놓습니다.

한밭이라 중촌마을
솟구쳐 오른 장대

성화처럼 타올라
환히 밝히는 세상이여

꽃보다
아름답네요.
쾌지나칭칭 좋습니다.

세월호 참사 100일

생각도 하기 싫지만
꿈엔들 잊으리까.
세월호 참사 100일
말도 많고 탈도 많아
내 자식 기다리는 맘
사랑을 가슴에 묻는다.

해맑은 예쁜 모습
제주 수학여행 길
배 속에 갇히어서
얼마나 무서웠을까.
당시를 그려보나니
가슴이 미어진다.

살려줘요 나 살려줘
악머구리 끓듯이
겁먹은 눈 순진한
아이들 그대로 외면한 채
저들만 뛰쳐나오니
천인공노 기가 차네.

사망자 294명 실종 10명
꽃다운 나이 학생
수장을 시켰으니
그놈들이 또 다른
돈뭉치 받은 놈들은
눈 감아 곳곳에 사고뭉치.

이 세상 어찌 되려나
윗물이 맑아야만
아랫물이 맑다는데
서로 네 탓이라고
모두가 잘못이었다.
아들 딸들아 미안하다.

이제는 더 슬퍼 말고
유가족 국민 국가가
산 사람은 살아야
하나 된 마음으로
원칙과 법을 지키며
사람답게 개선되어야.

한묵회 축제에 부쳐

— 창립 27년을 자축하며

여럿이 힘을 모아
감동 엮은 한묵회.

필력과 뜻이 달라도
가는 길이 하나여서

27년
오로지 한 길
한밭벌을 밝힌다.

선으로 씨줄 삼고
색으로 날줄 삼아

우리가 사는 세상
가꾸는 아름다움.

나침반
바늘이 되어
예술 지향 찾는다.

한국화 3인 전시

— 石景, 素川, 南庭을 기리며

한밭들 하늘 높이
쌓아올린 문방사우

백두일까 한라일까
한묵회를 이고지고

우리네
추운 세상을
아름답게 가꾸시네.

南庭에 뿌린 물감
솟아나는 예술혼

石景을 갈고닦아
素川에서 욕심 벗고

풀무로
피운 잉걸불
작품으로 꽃 피우네.

금천(錦泉) 윤희년(尹喜年) 선생

— 한국화 전시회를 기리며

햇살이 영롱한 아침
청양군 천내리*는

백두대간 줄기차게
내리다가 쉬는 곳

밤이면
별빛 밝아서
꿈을 가꾼 그 터전.

눈빛에 담아주신
아버지의 푸른 뜻

세월을 엮으시며
다시 보는 옛 모습

이영래
스승님 모시고
곱게 펼친 한국화.

* 천내리 : 청양군 청남면에 있음. 윤희년 화가의 고향.

日東 林秉淳 弓道人

동녘에 오르는 햇살
세상을 환히 밝힌다

믿음 소망 사랑으로
이 시대를 엮으시네

그 품성
정의의 기수
그 이름 아름다워라.

과녁에 마음 비우고
붉은 심장 쌓인 한

오시오중 깊은 뜻
정, 의, 진, 약, 봉 그 마음
(正, 義, 眞, 約, 奉)

일동의
생활신조에
깃발을 높이 든다.

거실은 자연의 정취
주방은 사계절 성찬

밖에선 봉사의 정신
안에선 현모양처

그 이름
박석임 여사
참 아름답습니다.

오당 문하
— 元晶 鄭永子 선생

수줍은 마음으로
오당 문하 들어가
30여년 예술혼
화선지에 꿈틀댄다.
묵향의
그 은은함이
감칠맛을 냅니다.

삼라만상 너울너울
붓 끝으로 연주하며
엎었다 재끼었다
멈추는 듯 삐치는
백학도
은빛 날개로
송백에 오릅니다.

심지 돋으며 밝히신
오당 이영래 선생님
계룡 상봉 횃불 되어
스승제자 단심이라
붓 끝에
스친 인연들
문자로 보냅니다.

대둔산 작전

쎄렉스 사륜구동
철제 싣고 달린다.

현초 대둔 산방으로
시원, 현초 추억 쌓기

대둔산
눈 폭탄이다.
퇴각하라, 퇴각하라!

그루터기

— 임재만과 그루터기

고향집 뒷동산에
소나무 그루터기

마음속에 늘 남아
짝사랑 그루터기

어릴 적
뛰놀던 향수
아 못 잊어 못 잊어.

큰손으로 베푸시는

— 연당 송향연 사장님께

어둠을 물리치는 먼동 튼 이른 아침
연당의 식속들이 향연장에 모였다.
웃음꽃 가득한 하루
세상 근심 멀리 있다.

한밭 벌의 청정유성에 연당이 터를 잡아
청량하고 맑은 물 퍼 올려 목 축이네.
메마른 이 세상에서
자선 또한 아름답다.

받은 은혜 천냥 빚, 말로나 다 갚을까
처진 어깨 추켜올려 푸른 하늘 바라보네.
연당에 바치옵니다.
그림 되고 시가 되어.

햇살 기둥
— 관촌 김창현* 시조시인

을미년(乙未年) 햇살 기둥
달동네 먼저 보고
문턱 너머 진달래꽃
별꿈나라 아지랑이

꽃동네
글꽃 피는 곳
지족산(智足山) 관촌서원(冠村書院)

농약(農藥)을 세례(洗禮)받아
천국(天國)을 오락가락
어머니의 눈물은
불당골(佛堂) 메아리 돌아

관촌(冠村)아
꽃향기 천리(花香千里行)
피 땀 눈물 만리향(萬里香)

* 冠村 金昌鉉 : 충남 서천 출생. 초등학교 봉직. 시조시인. 동시 각종 저서 수상. 정훈문학상 대상 수상

丁酉年(붉은 닭) 아침

여명이 붉게 타올라
홰를 쳐 적막을 부숴라.

어둠속 새벽을 열어
부귀 강녕 자손 만세.

붉은 닭
대문을 열어
국운 융성하여라.

벼슬도 떼어 놓고
발톱을 잘라버려

밥통에 양심 넣어
똥집도 청소하여

그대들
정신을 세척
민심을 어우르라.

꼬끼오 가족

새날이 밝아온다.
꼬끼오 아빠소리

엄마는 꾹꾹꾹꾹
나는야 삐약삐약

우리 집
부지런해요,
사랑해요, 행복해요.

구봉산
— 묵화회 봄 산행

온갖 숨결 내려놓고
안개가 빗장 열어

맑은 햇살 띄우느라
바람 또한 소슬하다.

진달래
꽃봉오리에
실려 가는 봄바람.

하늘 닿은 푸른 마음
막힌 체증 풀어내네.

세월은 강에 떠밀려도
학 한 마리 훨훨 날아

구봉산
봉우리 마다
메아리 친 저녁노을.

동방의 아침

태양은 타오르는데 잠 못 이룬 영령들

궁사가 시위 당겨도 과녁을 비켜가네.

잠에서

깨어났으면 제 자리를 지켜야지.

동생을 떠나보내며

마음이 괴로울 때
너무나 슬플 때,
눈물이 나옵니다.
눈물이 흐릅니다.
진정코 마지막으로 쏟아지는 눈물입니다.

그처럼 살고 싶어
뽈대에 생명줄 걸고
환자복 뒷모습을
보는 내가 더 아프다.
간절한 오라비 마음 명약 어디 없을까.

오늘일까 내일일까
침묵 속에 기다린 마음
엄마 말씀 나직나직
눈물로 엮은 세월
한 번도 불러보지 못한 아버지 만날 수 있을까.

이산의 아픔이야
기다릴줄 알지만
수명을 달리하니

하늘에서 다시 볼까,
뒷밭에 콩단을 눈물로 묶으면서 흐느낀다.

하나님도 무심타
천지간 혈육이란
너 하나뿐인데도
그렇게 갈 줄이야
가슴에 묻어둔 아픔 언제 잠재울는지.

엄마와 아린세월
쓸쓸히 자라나서
좋은 가문 시집가
푸른 잎을 피우며
예쁜 꽃 주렁 매달린 열매로 감사했다.

아들 딸 손주들아
상당공원 뒤로하고
굽이굽이 상당산성
가까운 듯 멀어진다.
친구도 일가친척도 동행할 수 없는 길.

몸 바쳐서

내 속살 다 파먹고
자라난 내 새끼들

거미줄에 얹혀서
엄마 그네 잘도 탄다.

다시는
환생 못하는
이 심정을 누가 알까.

터가 좋구나

靑龍向虎 양팔로
너를 품어 안아주고
門前에 碧水流하고
屋後에 靑山腰하니

黃土房 安樂한 休息 冥福을 빌어준다.

살던 곳 강원도 홍천
밤나무골 귀틀집
살아온 세월 70년
혈육이란 단 둘인데.
그리운 세월 묻어 놓고 다시 만날 수 없네.

뱃길 막혀 아버지
못 오시는가 봐요.
어머니 보름달 타고
나는 꽃가마 타고
어버이 상견례 하면 오빠께 전하리다.

49제를 지내며

한마디 말도 없이
떠나가신 어머니

88세 연세로
조상 찾은 저승길

상견례
잘 하셨나요.
보고 싶은 아버지

좋은 인연 간직하고
나쁜 인연 버리시며

아들 딸 걱정일랑
염려 말고 계시소서.

스님의
목탁소리에
눈물 글썽 납니다.

고모님을 그리며 1

눈 비 바람 가슴 안고
69세 인내한 열매로
아쉬운 마지막 삶을
외롭게 가셨나요?
생존에
새하얀 연꽃
극락문이 열립니다.

가슴으로 우는 눈물
살아온 길 뒤로하고
6월의 푸르름으로
가야할 시간인가요?
무심한
발길로 돌아
슬픔만 어립니다.

* 나의 고모님 한옥현은 평안도 출생으로 남하하여 김씨 가문에 들어가 슬하에 김영만, 은숙, 은복, 영환, 영숙을 두어 행복 시작. 고모부는 49세, 고모는 69세 일기로 소천하시니 내 마음속 그리움만 남습니다.

고모님을 그리며 2

언제 다시 향불 피워
잔 잡아 올려 드릴까.

무심한 발길로
모두다 돌아가고

그리운
고모님 미소
어찌 잊고 살아갈까.

애타게 부르짖는
애터지는 울음소리

사바세계 못 이룬 꿈
저승에서 이루실까.

부처님
가피 안에서
미소 또한 머무실까.

고모부를 사모하며

수레에 가득 앉아
악머구리 우는 심정

불혹의 언덕 넘자니
바퀴에 녹이 슬어

슬프다
어찌할고야
피를 토하는 절규.

깃털 없는 날갯짓
홀 단신 연고자 없네.

그루터기 쓰러지니
가지는 남이 되고

오가던
인륜관계는
저 멀리 달아나네.

병동 25시

안테나에 달린 링거
환자의 생명줄이다.

주머니 색깔마다
소망이 담겨있다.

의료진
힘을 다해도
고함소리 터진다.

환자복 늙은 병사
목발 짚은 상이용사

휠체어 어린 모습
저마다 병상 일기

마음은
고향 가는데
바뀐 계절 눈 내린다.

초등학교 시절

할아버지 걸음 따라
입학하러 가는 길

한문을 배우느라
한글쯤은 떼었다.

피난길
노래 몇 소절에
받아버린 졸업장.

초승달

둥근 찐빵
엄마 한 입
남은 빵 내가 한 입

둥근달
반달 되고
반달이 그믐달 되네.

아까워
남긴 조각이
저 하늘 초승달.

행복한 우리 마을

행복한 우리 마을
들녘에 하얀 대문
별무늬 꽃등 켜고
애기오이 달렸네.

별처럼
소박한 마음
꿈을 꾸며 살아요.

대문 안 고샅길
행복이 넘쳐나고
밤에는 달과 별이
지켜주는 우리 마을

복 받은
은혜의 집엔
넘쳐나는 웃음소리.

내 이름은 강아지

할머니만 부르는
내 이름은 강아지

할머니 안 계시니까
내 이름 없어졌네.

강아지
한 마리 사와
강아지라 부르자.

설날 아침

때때옷 갈아입고
어른들께 세배해요.

절값 받은 세뱃돈에
웃음 짓는 동생 얼굴

설날은
세뱃돈 자랑
웃음꽃이 피지요.

2부

대청호 수몰지구

내 꿈

내 꿈은 여러 가지
과학자 운동선수

유관순 이소연 박사
예술가도 되고 싶다.

내 꿈은
너무 많아서
다 이루지 못하네.

솔치고개*

할머니 치맛자락 잡고
낯선 마을로 이사 간다.

솔치고개 오솔길로
눈물 흘리며 떠난다.

새 터에 둥지 틀자고
할아버지가 지으신 집.

할머니는 연신 돌아보며
길눈을 넓히신다.

일본으로 징용 떠난
아버지 못 찾을까,

마음이 서러웠던가,
울음 터진 할머니.

* 솔치 고개 : 홍천군 서석면 어론리, 홍천군 화촌면 군업리로 가는 근교산 고갯길

무궁화

타오르는
온갖 정열
속으로만
감추고

부드러운
웃음으로
백일을
이끄는 끈기.

끈질긴
우리의 모습
무궁화라,
우리나라.

미원장 가는 지름길

소세월 서낭당고개
가다보면 쌍이리.
신작로가 나선다.
면사무소 호적계
줄서서
호적등본 떼
도착하면 한나절.

장돌뱅이 마주보며
맨땅에 포장 펴고
형형색색 만물상
서로 보고 정다운 인사
진실한
삶을 살아요.
부족해도 좋은 세상.

팥 닷 말* 머리에 이고
목이 주저 앉을 고통
가다가 내려놓을 수도
언덕에 기대어서
일생을
홀로 힘든 삶
이제야 아픈 마음.

* 팥 닷 말 40kg

압실 정자나무

마을 지킴 정자나무
언제부터였을까?
스치는 바람결에
정형 수술 받았네.

이어진
나뭇가지도
살아있는 잔 순결.

등구나무 바우배기
정다운 쉼터에서
택호로 부르는 명칭
인심도 따뜻했지.

뛰놀든
어린아이들
고샅길이 희희롭다.

장승거리

개울물 두런두런
기다림 여전한데

피라미 어데갔나
반짝반짝 뱃살 햇빛

전설만
아련히 남아
할 말 잃은 장승거리.

압실(鴨室)

압실 마을 오리집
도란도란 정겹다.

우리 집 파 메우네.
어쩔거나 어쩔거나.

여보슈
압실 양반들
아이구 불구되었네.

느티나무 아래서

— 미원초등학교 34회 동창 합동 고희연

한배 병아리들 코찔찔 딱지 치고
깡충깡충 고무줄 넘고 공기놀이 하던
동무들 아련한 추억 그 시절이 좋았다.

ㄱ ㄴ ㄷ ㄹ ㅏ ㅑ ㅓ ㅕ 꿈밭에 살았지
쌀안*천 유유한 세월 새하얀 목련꽃
걸어온 시간만큼씩 단단하게 여물었다.

화양계곡 물소리 어느새 멀리 보내고
그 누구더라 안보이니 저 멀리 떠났는가.
하늘로 오르는 안개 구름처럼 갔구나.

그리움의 물레방아 쉼 없이 돌고 돌아
오다보니 80리길 남은 세월 손꼽는다.
34회 축 건강백세 함께 나눌 우정이여!

* 교목 : 느티나무　* 교화 : 백목련　* 미동산 : 미원 수목림
* 34회 미원초등학교 졸업생　* 쌀안 : 미원의 옛 이름

꿀벌

겨울잠에서 깨어나
까꿍하고 인사해요.

봄 소식 알리는 꿀벌
산수유꽃 노랗게.

덩달아
새하얀 나비
비실비실 날아요.

올챙이

우리 엄마 누구야?
느그 엄마 개구리.

왜 엄마 안 닮았어?
꼬리 떼고 뱃살 빼고

뒷다리
앞다리 쭉쭉
엄마 꼭 빼 닮았네.

도깨비 바늘*

바지 가랑이에
도깨비가
침 꽂았다.

도꼬마리*도 덩달아
뜸을 뜬다.
앗 뜨거워!

저녁놀
고추잠자리
겁먹고 도망친다.

* 도깨비 바늘 : 가시를 가진 풀
* 도꼬마리 : 대추씨 같이 생겼는데 사람 옷에 잘 붙는다.

반딧불

어두운 밤하늘에
파란리본 원을 그려

반짝반짝 빛을 내며
날 따라 같이 놀자.

반딧불
개똥벌레가
밤무대 발레한다.

그 아버지에 그 자식

뻐꾸기 두견새
남의 집 무단 침입.

알 하나 달랑 낳아
양육까지 하란다.

남의 알
밀어버리고
그 아버지, 그 자식.

노랑풍선

부엉바위 걸머지고
그 무게 못 이겨서

스스로 잠자리란다.
나라도 그랬을 거야.

논두렁
서성인 마음
진실한 소녀 여섯 살.

신신파스 사랑

머리 어깨 팔 다리
신신파스 두루마기

맞춤형 사이즈대로
내 몸에 딱 맞는다.

어쩌면 계절도 없이 사계절 후끈화끈.

신신파스 안방마님
침실에서 끙끙 앓고

하루방 건넛방 지킴이
각방을 쓰다가도

마나님 부르는 소리 신신파스 바쁘다.

신신파스 사장님
일등공신 모르나요?

온 몸에 신신파스
덕지덕지 붙이고

아들 딸 손주들까지 광고하며 구매까지.

오십년 신신파스
조각조각 이어대면

서울서 부산까지
파스치마 저고리

열 벌도 더 되겠지만 신신파스 사장님.

영감생각

영감을 무덤에 묻고
보고즙퍼 생각이 나여.

영감이 고로코럼
가싱게 외롭당게.

쪼깨 더
살지 그랬쓰라,
고집이 쌘 양반인디.

사방이 푸릇푸릇
봄이 오니 조치라잉.

인자 농사 고만 질랑게
영감생각 맘에 걸려

자식들
이기는 부모 없쨔,
당신 곁에 갈라요.

꽃밭

고샃길 잡초를 뽑고
꽃씨를 뿌립니다.

땀방울도 섞어서
내 마음도 심어요.

어느새
방울진 봉오리
마을길을 밝힙니다.

한경직 목사

열세 살에 장가 간
꼬마신랑 한경직

아흔여덟 할아버지
일제 설움 한국전쟁

신사에
참배하라고
하나님 어찌하리까.

사랑과 헌신의 삶
곳곳에 교회 세우고

학교와 복지시설에
사랑의 쌀을 나누고

본인은
휠체어 하나
모자 하나, 신발 뿐.

늘티*의 봄

햇볕이 따사로이
늘티에 내리시네.

산골 물 돌돌돌
바위옷도 푸르고

복사꽃 살구꽃 붉어
하늘 마저 취하네.

* 늘티 : 회남면 판장리 계곡의 이름

산장(山莊) 1

앞산은 내 이마에
다가서서 뽀뽀하고

뒷산은 등에 업혀
두 손을 꼭 잡는다.

경첩이
가까워졌나?
봄이 꿈틀 일어선다.

산장(山莊) 2

초가 산장 담장에
오이 호박 올려놓고

문필봉 바라보며
작은 꿈을 가꾸는데

텅 빈 산
사람 없어도
꽃 피고 물 흐른다.

산장(山莊) 3

송이송이 잉태하여
귀여운 삼형제야.

해죽이 이빨 보이며
톡하면 빠질 것 같은

이 가을
출산의 기쁨
생일 축하합니다.

산장(山莊) 4

겨울 맞은 산장 마당
새하얀 종이 한 장

산비둘기 아장아장
오월 난초 그리고

산토끼
깡충깡충 뛰며
설중매화 그렸네.

꿀벌

오월은 꿀벌 세상
하이얀 아카시아꽃

부웅붕 날갯짓에
꽃송이가 조롱조롱

꿀벌들
봄 바람 타고
제 세상 만났어요.

유월은 밤꽃 세상
더벅머리 흔들흔들

꿀물이 덕지덕지
꽃가루 향기 품어

여왕벌
꿀벌들 대장
승전고를 울린다.

대장간 1

장터 끝에 대장간
숯불덩이 불꽃 튀고

벌건 불에 익은 쇳덩이
대장장이 장단 맞춰

쇠붙이
온갖 물건들
탈바꿈해 나온다.

대장간 2

고을 입구 초막집
오일장 농군 모아

밀어라 당기거라
풀무질 노역이다.

시커먼
숯불덩이들
불꽃을 내뿜는다.

잘 익은 쇳덩이들
올려놓고 곤장 친다.

대장의 지시대로
요기조기 장단 맞추어

지금은
보기 힘든 풍경
그 시절이 그립다.

대청호 수몰지구

애향탑 노랫말 위에
농가점경 수몰 지대

불을 끄고 눈 감으면
여울처럼 살아나네.

새벽 비
가슴을 적시며
나이테를 더한다.

지난날이 그립다.
외따로 울고 싶다.
빈 배는 사공 잃고
말뚝에 묶여 있다.

흙먼지
날리는 대청호
물빛 따라 서 있다.

살기 좋은 금남 축산마을

청룡 백호 양 나래
포근히 안긴 마을
황소가 누운 형국
한가롭게 새김질하네.
그 새로
실개천이 흘러
인심 또한 넉넉하다.

후원에는 죽림 병풍
학 마을에는 백학의 춤
존경하고 사랑하며
남을 위해 배려하니
그 또한
으뜸일러라,
살기 좋은 금남 마을.

연기군 군 공보실 발표

3부

봄날의 할머니

기다린 세월

예순 해를 넘기도록
오늘일까, 내일일까?

기다리는 이내 심정
숯덩이로 사라진다.

고희를
뒤돌아보니
홀로 남은 슬픔이다.

삼대에 흘린 눈물
소리 없는 기다림

화염으로 침몰한
현해탄 귀국선

아버지
잔 올리면서
향연 속에 그린다.

살던 곳

옥후에 대나무 숲
문전에 속림사.

샛강에 물 흐르니
고기가 즐겁도다.

백로는
둥지 속 새끼
먹이 찾기 바쁘다.

빈집

어머니가 걱정되어
찾아간 시골집에
녹슨 문고리에 자물통만 매달리고
일하러 가신 모양
아픔이 녹아내린다.

울타리 없는 마당
늙은 오이 두어 개
어머니 살아오신 옛 모습 돌아본다.
쪽마루 걸터앉아서
불효 막심 되짚는다.

태국인 노동자

가무잡잡 젊은이가
만능 재주 다 부린다.
다리 난간 용접으로
새롭게 내는 길
보아도
믿음직하다.
건설 현장 일등공신.

처마 밑에 거적치고
야전 침대 벌벌 떨며
라면 끓여 몸을 풀고
찬물에 세수를 한다.
입에서
김을 내뿜어
시린 손을 녹인다.

한 달 내내 일을 해도
80만원 고작이다.
그나마 체불되어
발목 잡아 못 떠난다.
두렵다,
한국 사람이라고
어디 가서 말을 할까.

입학하는 날

— 김정남

설레는 내 손 잡으신
고마우신 할아버지
엄마는 가게일로
아빠도 못 오시는 마음

입학식
애국가 부르며
초등학생 되었어요.

엄마가 늦게 오셔
나는 엄마 찾고
엄마는 나를 찾아
한복 입은 예쁜 우리 엄마

김정남
이름표 달고
사진도 찍었어요.

이웃집 예쁜 순이
같은 반 친구 되고
선생님 예쁜 모습
엄마 닮아 참 좋아요.

애국가
힘껏 부르며
설레는 입학식 날.

치마 저고리 곱게
단장하고 달려온
울 엄마 사진 찍고
참 좋은 할아버지

짜장도
사주었지요,
아빠하고 나하고.

독행(獨行)

폭죽을 터뜨린다.
연거푸 쏘아댄다.

박수 소리 없지만
공간을 조각낸다.

손등에
번진 주름처럼
하늘마저 부순다.

금남에 샛강은
햇살에 반짝이고

때 늦은 물오리는
귀향길을 떠나는데

외로운
백로 한 마리
계절마저 잊었다.

밤에 내린 눈

실크에 그린 그림
세월 속에 묻힌다.

매화 장미 모란 그려
언뜻언뜻 펴 놓고

설레는 마음 달래려
화심 속을 엿본다.

장난

우리는 장난꾸러기
꽃무늬 이불 펴고

엎치락 뒷치락
새콤달콤 즐거워요.

누나는
너무 한다고
가끔 가끔 삐칩니다.

간이역

기차는 멀리 떠나고
간이역 홀로 남았네.

가슴 속 이름 남기고
평행선을 달린다.

막차는
이별을 끌고
많은 사연을 깨운다.

봉(峯)마다 푸른 꿈

흑룡이 입을 벌려
여의주를 탐낸다.

붉은 심장에 휘융탁
햇살마저 부수는데

활쏘기
우리의 유산
무덕정이 지킨다.

도덕봉과 옥녀봉
백운봉 옆 금수봉

흑룡산 옆 빈계산
명궁 배출 무덕정

계룡산
머리가 될까.
여기에 다 모인다.

다문화 시대

백의의 우리 겨레
정다운 한 지붕 밑

반만 년을 지켜온
동방의 단일민족

무궁화
태극 깃발은
민족의 자존심이다.

시골 버스 시골 장터
흔히 보는 외국인들

필리핀, 베트남, 태국
농촌의 며느리들

문화가
서로 달라도
잘 살았으면 좋겠다.

고운 임 오실까

고즈넉한 산방에
아름다운 향기 담아

오시는 날 기다려
어린 아이 됩니다.

사뿐히
꽃길을 밟는
천사님을 기다립니다.

고운 님 오실까 봐
꽃동산을 만듭니다.

혼자라서 외로워도
꽃씨를 뿌립니다.

오늘도
행복한 날
그대 있어 신납니다.

죽당리 연화사

연화문* 바라보며
쉬어가는 단풍잎
설화*꽃술 백일홍
뒤돌아 나서다가
주름살
늘어진 허공
후회 없이 살란다.

자비로운 부처님
가르침을 깨달아
바둥대고 살면서
도와주는 보리심
빈 손을
셈하면서도
나누려는 그 마음.

* 설화 : 설악초 잎 가장자리가 흰색 테두리로 된 꽃. 7~8월 개화 북아메리카 원산.
* 연화사 : 공주 우성 죽당리에 있는 사찰. 금강원 복지시설 내에 있음.

연화사 자비원

연화사 부처님은
슬픔을 달랜다.
눈물을 닦아내는
무상한 인생길

쉼터에
둥지를 틀어
금강물을 마신다.

정관 스님 보살핌에
수명을 이어 간다.
한스럽게 가신 영가
명복 비는 촛불들

황혼의
길목에 서서
다시 보는 자비원.

무소유
— 법정 스님

천년을 스친 바람
진토에 꽃 피우시고

청빈과 벗 하면서
속세를 밝히셨다.

버리고
또 버리시고
많은 것을 남기셨다.

육신의 옷을 벗고
무소유로 가는 길

나는 누구인가
스스로 물어본다.

높은 뜻
품어 안아서
환한 세상 맞고 싶다.

49제를 지내며

한마디 말도 없이
떠나가신 어머니

88세 연세로
조상 찾은 저승길

상견례 잘 하셨나요?
보고 싶은 아버지.

좋은 인연 간직하고
나쁜 인연 버리시며

아들 딸 걱정일랑
염려 말고 계시소서.

스님의 목탁소리에
눈물 글썽입니다.

* 연화사에서 운명하심.

오이꽃

별똥별이 떨어져
울타리에 걸렸네.

덩굴 손 줄을 잡고
푸른 하늘 쳐다보며

줄줄이
마디마디에
예쁜 꽃등 달았네.

꽃밭

봄에 심은 봉선화가
한두 송이 피더니만

백일홍 채송화도
활짝 피어 손짓하네.

벌 나비
꽃향기 가득
색깔 고운 무지개.

꽃밭을 만들면서

마음의 환한 둘레에
꽃밭을 만듭니다.

부드러운 미소 담아
꽃씨를 뿌립니다.

따뜻한
손길 닿으면
활짝 웃고 돌겠지요.

촛불 밝혀

만반제수(滿盤祭需) 진설하고 영전 앞에 절합니다.
아버지의 아버지
유교 정신 이어받아
조상을
추모하면서
오늘 다시 그립니다.

아버지의 이름으로 예배를 드립니다.
십자가에 못 박혀
대속(代贖)하신 예수님
달 보고
울고 웃으며
그리움을 감춥니다.

대문을 활짝 열어 보름달을 맞습니다.
손주 손녀 기다리며
마음 또한 간절하여
칠순이
넘은 노부부
망운지정(望雲之情) 새깁니다.

사뿐히 오세요

손에 잡힐 듯 칠월 보름
중천 달이 밝습니다.
은하수 안개 꽃길
사뿐사뿐 오세요.
어머니
생전의 모습 어릿 비쳐옵니다.

힘들고 거센 길을
구김없이 사시더니
고운 정 미운 정을
요단강에 띄우시고
어머니
들꽃 향기에 달빛 타고 오세요.

목화 1

붓 대롱에 숨을 죽여
중국 대륙 건너왔다.

문익점이 심고 가꾸어
삼천리를 수놓았다.

꽃 중에
가장 고운 꽃
목화 꽃이라 일렀다.

가을볕 높은 하늘
바구니에 목화 구름

할머니는 물레 잣고
엄마는 베를 짠다.

꼬까옷
새 옷을 입고
동무들의 자랑거리.

옛날 옛적 붓 대롱에
숨겨서 전해왔다.

문익점의 목화씨가
세상으로 번져 나가

목화꽃
무명옷 조상
길이 받들 귀한 꽃.

토방 아래서

좁은 틈새 비집고
앙증맞게 피었어요.

개울가 버들강아지
하얀 눈을 뜨는데

봄 왔다
소식 전하는
양지쪽의 눈부심

목련꽃 하얗게 피고
꽃다지는 노란색

산 넘어 언덕 넘어
찾아오는 봄소식

바람이
먼저 알고서
환하게 길을 쓰네.

다문화 가정

내 나라 부모 형제
떠나온 낯선 한국

정이 많은 우리 민족
감싸고 이끌어서

한 가족
행복한 자리
누려보는 한마음.

다른 언어 다른 피부
서로 익혀 가지요.

내 친구는 필리핀
몽골 아이 민주 친구

한누리
서로의 행복
웃음꽃 피우지요.

6.2 지방선거를 보고

낮은 자세로 모시겠다고
공약 선물 푸짐하다.
목청을 돋운 소리
천국이 될듯하다.
뒷골목
양식 떨어진
가정 또한 아는가.

뚜렷한 대안도 없이
반대만 일삼더니
북풍은 태풍 되고
민심은 폭풍이다.
한나라
민주주의가
판 깬 것을 아는 자.

천안함 공격받고
협력 수비 못 하였다.
꿀 먹은 뒷말 잔치들
꼴불견이 따로 없다.
신발을
꽉 조여 매고
초심을 잃지 말라.

낙과

— 19대 대선 2017년 5월 9일

많이들 달렸구나.
그 숱한 열매를

옆 가지 흔들어
떨어지는 낙과들

병들어
땡감 되기 전
제멋대로 구른다.

과수원집 주인이야
소상히 알고 있다.

홍시 되는 순간까지
까치밥 저 희생

봉사로
나눔의 정신
나라 위해 썼으면.

냉장고 배 터진다

소화는 안 시키고
자꾸 먹여만 준다.

채소 고기 해물 과일
숨 쉴 틈새 없어 죽겠다.

아줌마
잘 살고 싶어,
썩혀서 왜 날 버려.

봄날의 할머니

비탈진 화전밭에
봄볕이 쏟아진다.
등성이에 아지랑이
봄마중을 나선다.
덩달아
씨오쟁이 이고
서성이는 할머니

무너지는 가난 속에
계절마저 던져놓고
한평생 찌든 목숨
세월 삼킨 아픔들
농사가
근본이라네.
터전 지킨 할머니

뻐꾹새 울음에도
반가운 줄 모른다.
묵밭에 피는 망초
하얀 꽃이 더 슬프다.
눈물로
호미 씻으며
고개 넘는 할머니.

초근목피를 떠올리며

살아온 깊이만큼 서리 앉은 백발이다.
풀잎에 맺힌 이슬
햇빛 받아 방울지고
한 생을 뒤돌아보니 빛이 바랜 사진들.

초근목피 먹고 나면 똥구멍이 찢어지고
조강지처 눈물 고여
죄인인 듯 송구했다.
때마다 빈 아궁이에 솥뚜껑도 차가왔다.

40년대 보릿고개 천리만큼 밀어내자.
머리카락 모으고
쥐털 가죽 옷 만들어
돈 벌어 잘 살기 위해 눈물겹게 살았다.

60년대 새마을운동 횃불 들고 별을 보았고
서독 파견 광부, 간호사
월남참전 우리 남아
가난을 물리치려고 지옥불도 견디었다.

할미꽃

할머니 산소에
꽃샘 추위 물러갔나.

남바위 쓰시고
웃으며 나오시네.

어려도
이름이 할미꽃
고개 숙인 수줍음.

흰머리 긴 목을 빼고
어느 새 늙으셨나.

손자가 그리워서
산 아래를 보시네.

손 모아
하나님께 빌며
할머니를 기립니다.

孺人忠州金氏成春之墓

4부

벌초를 하며

천안함을 곡(哭)한다

부모형제 가슴마다
찢어지는 슬픔이여,

울분을 삼키지만
용서는 못하리라.

죽어도
죽지 않으리
시퍼렇게 살리라.

천안함 772함
서해 누빈 용사들

아들들이 수장되어
타오르는 이 심화(心火).

서럽다,
내 나이 고희(古稀)
허공치는 주먹질.

눈물 세월 육십 년

불꽃으로 활활 피다
재가 되는 순리인데
묻어도 썩지 않을
가슴 속의 숯덩이.
길고도
아픈 세월이
눈물 속에 어린다.

허리는 동강나고
형과 아우 싸우다가
눈물과 땀을 섞어
일심으로 일군 소망
빈 솥에
불을 지피는
아린 속을 아는가.

가만히 생각하면
악몽 같은 지난 날
살기는 좋아졌지만
마음은 허전하다.
이제는
정 나눌 사람
꿈속에서 맴돈다.

빈 집

사람 없어도 앵두는 빨갛게 익어가네.
추녀 끝에 혼자 남은
풍경소리 댕그렁.
맑은 뜻
고운 목소리
속세 향한 발걸음.

스레트 지붕은 하나같이 조각나고
서까래가 썩는 곳에
간 곳 없는 주인 체취
쑥대와
망초가 얼려
세상 얘기 나눈다.

도깨비가 나올 듯 마음이 오그라지네.
조심하여 열어봐도
쌓인 먼지 먼저 맞네.
세월이
머리를 풀고
흔적 없이 사라진 곳.

천안함

백령도 국토방위
수행 중 생명 바친
숭고한 희생정신
해군 장병 뜻을 받아
온 나라 국민애도로 북한 만행 용서 못해.

연평도 포격
북한의 긴급 도발
전사한 해병 대원들
고귀한 희생정신을
거룩한 순국선열들 영원히 살아 숨쉬리.

한 평 당 석비 세워
이름 석 자 새긴 날
오천만이 머리 숙여
홀로 지킨 호국 영령
삼천리 금수강산이 옷깃 여며 조아린다.

대합실에서

멀고 긴 여정에서
잠시 쉬었다 간다.

배롱나무* 꽃무더기
세월을 앞서는데

내 죽어
수목장* 할 때
하늘 빛이 저럴 까.

* 배롱나무 : 목백일홍 늦여름에서 가을까지 핌.
* 수목장 : 나무숲에 모시는 장례

고무총

Y자에 두 가닥 고무
공기돌 감싸쥐고

목표 향해 당긴다.
비둘기 너 꼼짝 마라.

웃기네,
네가 날 잡아.
허튼 수작 말아라.

꼼짝 말고 있거라.
백발백중 한방이다.

당당한 비둘기 자세
활 쏘아 퍽 하는 순간

아이쿠,
방심은 금물
날개를 파닥인다.

꽃씨 사건

화단길에 꽃모종
내 집에 심었더니
꽃을 사랑한다는 여인
욕에 욕을 해댄다.
꽃보다
아름다운 이
향기가 없네요.

입에 들어가는 것
더러운 것이 아니고
입에서 나오는 것이
더러운 것이지요.
사람이
사람다워야
꽃보다 아름답지요.

종소리

교회 종은 뎅 뎅 뎅
학교 시작종은 땡땡 땡

끝 종은 땡땡 땡땡
반상회 종은 땡 땡땡

불났다,
땡땡땡땡땡
지금 박물관에 없어요.

우산

너와 손잡고 나가서
나 혼자 왔네, 이렇게

파란 하늘 쳐다보다
너를 깜빡했나봐.

미안해
비 오는 날에
너를 사랑할거야.

복실이 여름

아름드리 은행나무
그늘방석 깔고 누워
초록구슬 셈하다
깜박 잠이 들었네.

귀 덮고
실눈 지그시
동화의 꿈나라로.

복실이 겨울

목걸이 풀어놓고
토끼사냥 떠난다.
발 도장 따라가다
토끼 한 마리 화다닥

복실이
토끼 따라서
집을 나가버렸네.

송아지

우리 집 식구 참 많다.
모두 귀걸이를 했다.

목걸이는 왜 안할까?
엄마, 내 이름은 뭐야?

송아지
엄마 이름은
내 이름은 엄마야.

까꿍이

내 고향 영국 이름은
닥트훈트 한국 입양

얻은 별명은 까꿍이
주특기 너구리 사냥

목소리 크다 쫓겨나
내 신분 챙피하다.

고향집

가을바람 살랑살랑
낙엽이 전하는 편지.

단풍나무 가지 사이
스치는 광음 속에

외딴집 초가지붕엔
하얀 박 옹기종기.

꿈돌이

똑똑한 귀염둥이
반갑다고 껑충껑충

혼자서도 친구 없이
밥통 굴리며 잘도 논다.

귀 쫑긋
실눈 지긋이
얌전하게 잠들었다.

벌초를 하며

할멈! 생전에 나한테
그러코롬 잘했재.
나는 자네 고생만
시켰당개 미안하이.
그렁개
자네 빈자리
겁나게 허전하네.

원체 나가 잘못했제.
마음 푸이소잉
살아있는 동안은
머리나 깎아야지.
자네를
잘 섬길낭개
나 가네, 또 보드라구.

살았을 때 잘하고
살아야 후회업재.
자식도 소용없네.
자네한테 오께루
좋았재.
기다리시게.
할멈한테 올랑개.

분저마을

개울가 물레방아
세월을 되살리고

출렁이던 나무다리
가뭇없이 사라져도

함석집
살던 그 누나
뒤돌아 그리워라.

아버지와 아들

하늘 닿은 높은 산
겹겹산중 외딴집

산 정상 올라서니
저 멀리 넓은 들판

야! 아빠
다 우리나라야
뭐 열 배도 넘는다.

* 보은군 회인면 가산리 산골 부자 대화

할머니의 전화

국민핵교 고장 선상님
앵경 낀 그 냥반 말여.

저녁 잘 자시고 갔댜.
환갑도 안됐잖여.

사람이 살았다 없쟈, 참 좋은 냥반인디.

몸뎅이 꼼지락 그렁게,
너그들이나 잘 살아라.

핵교 보낼 때가 좋았재.
또 해가 저물어부렀다.

거시기 느그 아부지 고집은 늙지도 않는다.

논두렁 사건

급한 마음 논두렁서
한 여인 오줌을 싸는데

쐐 소리와 뜨거운 폭포
개구리 깜짝 펄쩍 뛰니

화들짝
놀란 궁뎅이
놀라기는 마찬가지.

눈 온 아침

새하얀 눈꽃 손님
반겨 맞는 어린이들

데굴데굴 굴리면
몸통 하나 머리 하나

눈사람
수염 붙이면
할아버지가 에헴!

코스모스

어디서나 손짓하는
아름다운 코스모스

가을꽃은 나뿐이야
자랑하는 코스모스

가을 길
하늘거리며
홀로 뽐내는 선녀

금낭화

쪼로롱 방울방울
꽃망울 고운 입술

혀 살짝 내민 모습
꽃잎 얼굴 예쁘구나.

내 친구
귀걸이 만들어
달아주면 좋겠네.

민들레

추운 겨울 민들레
어디어디 숨어있나.

땅속 깊이 뿌리박고
봄 오기 기다려요.

이른 봄
나 여기 있다
노랑 꽃 자랑해요.

가을

석양빛 맑은 소리
옥쟁반에 귀뚜라미
벽오동 영그는 열매
가을빛이 굴러오네.
들에는
고추잠자리
마당가에서 맴돈다.

송사리

햇살은 눈부시고
연못에는 파란 하늘

돌 퐁당 물 나이테
떡밥인 줄 알았는지

송사리
떼로 몰려와
강강술래 하지요.

아버지 저녁 밥상

아버지 저녁 밥상
파리가 맛을 본다.

엄마가 든 파리채
무서움에 눈 돌리고

앞발로
싹싹 빌더니
겁을 먹고 날았다.

단오날

5월 5일 어린이 날
단오는 어른의 날.

머리 감고 그네 뛰고
장사씨름 풍물놀이.

애 어른
함께 즐기는
5월 단오 어린이날.

고향 생각

산마루 솔바람에
들리는 뻐꾸기 소리.

푸른 들 강바람에
들려오는 버들피리.

저 산 밑
강촌 마을에
그리운 내 친구.

함박눈

하늘에서 팝콘 펑펑
하얀 눈 쏟아지네.
나무마다 하얀 눈꽃
꿩 한 마리 양지쪽에서
꾸엉꿩
발 시리다고
울고 앉아 있었네.

햇살기둥

한영필 시조집

발 행 일 | 2017년 5월 25일
지 은 이 | 한영필
발 행 인 | 李憲錫
발 행 처 | 오늘의문학사
출판등록 | 제55호(1993년 6월 23일)
주 소 | 대전광역시 동구 대전로867번길 52(한밭오피스텔 401호)
전화번호 | (042)624-2980
팩시밀리 | (042)628-2983
전자우편 | hs2980@hanmail.net
다음카페 | cafe.daum.net/gljang 문학사랑 글짱들
다음카페 | cafe.daum.net/art-i-ma 아트매거진(아띠마)

공 급 처 | 한국출판협동조합
주문전화 | (070)7119-1752
팩시밀리 | (031)944-8234~6

ISBN 978-89-5669-820-5
값 9,000원